글·그림 **이팅 리** Yiting Lee

이팅 리(Yiting Lee)는 대만 출신의 작가이자 삽화가이다.

2012년 케임브리지 예술대학에서 아동서 일러스트레이션 석사 과정을 마친 후 그림책 작업에 집중하고 있다. 지금은 영국에 살고 있다.

옮김 **그림책사랑교사모임**

그림책의 매력에 빠져 그림책으로 수업하고 학급을 운영하는 교사들의 모임이다.

그림책 활용 교육으로 더 나은 세상을 만들 수 있다는 믿음을 갖고 오늘도 그림책을 한 장 한 장 넘기며 학생들을 만나고 있다.

· 네이버 밴드 http://band.us/@picturebooklove   · 페이스북 http://www.facebook.com/groups/picturebooklove

· 이경미_서울양명초등학교 수석교사 | 그림책 수업을 통해 학생들이 창작한 그림책을 출판하며 기쁨과 보람을 느낍니다.

· 김진애_광주계림초등학교 교사 | 교실에서 아이들에게 매일 그림책을 읽어주며 서로의 생각과 마음을 나누는 시간을 소중하게 생각합니다.

· 김연주_인천백학초등학교 교사 | 그림책을 통해 아이들과 소통하고 공감하며 선한 영향력을 전파하고 싶습니다.

잠깐만

초판 1쇄 발행 2022년 10월 28일
초판 2쇄 발행 2024년 5월 31일

글·그림	이팅 리	옮김	그림책사랑교사모임	발행인	최윤서
편집장	최형임	디자인	최수정	마케팅	김수경
펴낸 곳	(주)교육과실천	도서문의	02-2264-7775	인쇄	031-945-6554 두성 P&L
일원화 구입처	031-407-6368 ㈜태양서적	등록	2020년 2월 3일 제2020-000024호	
주소	서울특별시 중구 창경궁로 18-1 동림비즈센터 505호		

ISBN 979-11-91724-17-2(77840)

값은 표지에 있습니다.

WHAT'S THE RUSH?
Copyright © 2022 by Yiting Lee
Book Design by Orith Kolodny

Korean edition copyright © 2022 by Education & Practice
All rights reserved.
This Korean edition published by arrangement with Debbie Bibo Agency through Shinwon Agency Co., Seoul.

이 책의 한국어판 저작권은 신원(Shinwon Agency)을 통한 Debbie Bibo Agency사와의 독점계약으로 '(주)교육과실천'이 소유합니다.
저작권법에 따라 한국 내에서 보호를 받는 저작물이므로 무단 전재 및 복제를 금합니다.

활동지 활용법
1. 네이버 밴드 가입
2. 검색창에서 [교육과실천] 검색
3. 해당 도서 비밀번호 입력 및 내려받기
4. 활동지 출력 및 활용

문의: 02-2264-7775

※해당자료는 저작권 보호를 받으며 활동지 사용은 도서를 구매한 독자에 한하며 재전송 및 유통, 상업화를 금합니다.

활동지 비밀번호
20221020

잠깐만

이팅 리(Yiting Lee) 글·그림
그림책사랑교사모임 옮김

어느 아름다운 오후였어요.
토끼와 거북이는
함께 맛있는 간식을 나누어 먹고 있었어요.

거북이는 저 멀리 있는 산을
지그시 바라보며 말했어요.

"저 산은 정말 아름다워.
언젠가 올라가 봐야지."

"언젠가 준비가 되면."

토끼는 거북이의 이 말을 귀가 닳도록 들어왔어요.

"그러지 말고
내일 당장 가자!"

"내일 당장?
음… **잠깐만…**"

다음날 아침, 눈을 뜨자마자
토끼는 거북이의 집으로 갔어요.

똑,

똑!

하지만 거북이는
아직 산에 오를 준비가 되지 않았어요.

"잠깐만…"

"잠깐만…
옷 좀 입고."

"잠깐만…
금방 끝나."

"잠깐만…"

"잠깐만…
거의 다 됐어."

거북이는 언제쯤 산에 갈 수 있을까요?

"잠깐만은
이제 그만!"

"토끼야, 잠깐만…
난 시간이 조금 걸려."

"아! 드디어 출발!"

토끼는 들뜬 목소리로 외쳤어요.

"오, 안돼!

이 강을 어떻게 건너지?"

토끼는 걱정이 되었어요.

"잠깐만…"

거북이는 배낭에서 고무보트를 꺼냈어요.
둘은 고무보트를 타고 무사히 강을 건넜어요.

"오, 안돼!

어느 길로 가야 하지?"

토끼는 혼란스러웠어요.

"잠깐만…"

거북이는 배낭에서 지도를 꺼냈어요.
둘은 지도를 보고 길을 찾아 앞으로 나아갔어요.

"오, 안 돼! 이 가시덤불을 어떻게 뚫고 가지?"

토끼는 무서웠어요.

"잠깐만…"

거북이는 배낭에서 커다란 가위를 꺼냈어요.
싹둑싹둑 가시덤불을 자르며
둘은 용감하게 길을 헤쳐나갔어요.

토끼와 거북이는 쉴 새 없이 조잘거리고,
꺄르르 웃으며 산꼭대기까지 올라갔어요.

"야~아~호~!"

그때 갑자기 토끼 뱃속에서 '꼬르륵' 소리가 났어요.

"잠깐만…"

거북이는 배낭에서 토끼가 좋아하는 음식들을 꺼냈어요.

"너를 위해 준비했어."

환한 보름달이 떠오르고,
어디선가 부엉이 울음소리가 들려왔어요.

"토끼야, 달이 너무나 아름답지 않니?
언젠가 **꼭** 가보고 싶어."

"내일 **당장** 떠나는 건 어때?"

토끼의 눈이 반짝반짝 빛났어요.

아이와 함께 이야기하는 MBTI

토끼의 MBTI는? - ESFP(순간을 즐기는 연예인)

1. 이 책 속에서의 토끼의 **성격과 행동의 장·단점**에 대해 함께 이야기 해 보아요.

    · 행동이 빠르고 주저함이 없어요.
    · 호기심이 많아 다양한 경험을 즐기는 것을 좋아해요.
    · 순간을 즐기고 주변에 활력소가 되기도 해요.
    · 사소한 일에도 즐거워하며 친구들과 즐겁게 시간을 보내는 데 만족을 해요.
    · 참을성이 없어 기다리지 못해 화를 내기도 해요.
    · 도전정신은 강하지만 계획적으로 준비는 하지 못해요.
    · 다양한 상황들을 예상하지 못해 어려움을 겪기도 해요.
    · 한 가지에 집중하지 못하고 끈기가 부족해요.

2. 이런 상황일 때 우리 아이 **어떻게** 해야 하나요?

    (1) '행동은 빠르지만 관심사가 너무 많아 무슨 일을 해야 할지 모르는 우리 아이'
    · 추진력이 있고 순간을 즐기는 것이니 걱정하지 마세요.
    · '이 아이는 다양한 경험을 통해 자신의 강점을 찾고 있구나' 생각해 주세요.
    · 하지만 순간을 즐기는 만큼 우선순위가 무엇인지 생각하라고 말해 주세요.
    · 쉽게 포기하지 말고 자신의 강점을 찾을 수 있는 일을 느긋하게 할 수 있도록 지켜봐 주세요.
    · 정해진 일에 대해 계획성 있게 준비하는 습관을 기를 수 있도록 도와주세요.

    (2) '한가지 일에 집중하지 못하고 끈기가 부족한 아이'
    · 아이가 관심있어 하는 것이 무엇인지 잘 살펴봐주세요.
    · 스스로 집중할 수 있는 일이 정해지면 날마다 조금씩 할 수 있도록 시간을 정해주세요.
    · 한번에 성공은 못 하더라도 과정을 존중하면서 칭찬해 주세요.
    · 집중력을 키울 수 있는 다양한 활동(퍼즐, 운동, 숨은 그림찾기 등)을 같이 해 보세요.

3. 아이에게 이런 **질문**은 어때요?

    · 도전을 즐기는 토끼를 보면 어떤 생각이 드나요?
    · 왜 토끼는 계획적으로 준비를 하지 못하는 걸까요?
    · 어떤 도전을 해 보고 싶나요?
    · 호기심 많은 토끼에게 하고 싶은 한마디는 무엇인가요?
    · 만약 토끼와 여행을 간다면 무엇을 준비해 가고 싶나요?
    · 거북이 덕분에 어려움도 극복하고 산에 오르는데 성공했어요. 이런 토끼에게 해주고싶은 말이 있나요?
    · 토끼와 나의 비슷한 점이 있나요? 다른 점은 또 무엇인가요?